도서
출판 **밀알서원** (Wheat Berry Books)은 CLC가 공동으로 운영하는 복음주의 출판사로서 신앙생활과 기독교문화를 위한 설교, 시, 수필, 간증, 선교·경건서적 등을 출판하고 있습니다.

> 추천사
>
> 1

류영모 목사
한국교회총연합회 대표회장
대한예수교장로회(통합) 직전 총회장, 한소망교회 위임

 이양수 목사님의 첫 시집 출판을 축하합니다. 이양수 목사님은 설교 중에 가끔씩 자작시를 인용하기도 했습니다. 설교 중에 그가 쓴 시를 읽으면 마음이 따뜻해지고 울컥할 때가 있었습니다. 언젠가는 목사님의 시들이 세상 속에 나오면 좋겠다고 생각했는데, 깊은 사색의 계절 가을에 첫 시집이 나오게 되었다는 소식을 듣고 내 일처럼 좋았습니다.

 이양수 목사님은 우리 한소망교회에서 부목사로 사역하다가, 광주 광천교회 담임목사로 부임해서 지금까지 목회를 잘 감당하고 있습니다. 그는 거기에서도 하나님의 말씀을 최선을 다해서 전하고, 시를 통해서 성도들과 함께 눈물과 기쁨을 나누고 있습니다. 그 시로 성도들의 마음을 어루만지고 있습니다.

 생각해 보면, 이양수 목사님은 한소망교회에서 부목사로 있을 때보다 담임목회를 하고 있는 지금 더 성장하고 발전했습니다. 자리가 사람을 만들어 낸다는 말이 맞는 것 같습니다.

담임목회를 하면서 산다는 것은 바쁘고 신경 쓸 일들이 더 많아졌음을 의미하는 것인데, 마음을 가다듬고 눈을 감고 시를 써 내려가는 여유가 있다는 것은 그의 마음이 흐트러져 있지 않고 바르게 정돈되어 있다는 것을 말해 줍니다.

목사님의 시를 읽으면, 높은 산을 등산하다가 만나는 계곡의 맑은 물처럼 느껴집니다. 크고 넓지는 않지만 깊은 계곡의 바위틈에서 흘러나오는 시원하고 맑은 물처럼 그의 시들은 화려하지도 고상하지도 않지만, 신선하고 투명합니다. 오히려 그것이 세상에 더 깊은 울림을 주는 것이라 생각합니다.

이양수 목사님의 시집 『엄마를 기다리는 아이』에는 고향과 부모님, 어린 시절과 청년 시절의 삶에서 우러나오는 추억들로 가득 차 있습니다. 그가 엄마 얘기를 하면 꼭 내 어머니 얘기를 하는 것 같고, 한국전쟁에서 부상 입고 돌아와 가족들을 위해서 사셨던 아버지 얘기를 하면 꼭 내 아버지 얘기를 하는 것 같습니다. 그가 그리워하는 고향 산천의 시들을 읽어 내려가다 보면, 내 고향의 모습이 눈에 다가옵니다. 그래서 더욱 그의 시에 귀를 기울이게 됩니다.

세상이 교회를 믿지 못하고, 몇몇 목회자의 세상에 취한 모습 때문에 실망하고 있는 이때, 그의 시를 읽으면 마음이 깨끗해집니다. 작지만 맑은 물줄기가 계속해서 흘러가야 웅덩이에 고인 물이 깨끗해지듯이, 고요하고 작지만 맑은 영성을 가진 그리스도인들이 세상을 변화시키는 꿈을 이 시집을 통해서 꿉니다. 이양수 목사님이 앞으로도 맑은 물 같은 시들을 계속 발표해서 세상 속에 흘러 보내 주었으면 좋겠습니다.

> 추천사 2

김운용 박사
장로회신학대학교 총장, 예배설교학 교수

성서신학과 설교학 분야에서 석학이셨던 저의 선생님(월터 브루그만 박사)은 "설교자는 시인이 되어야 한다"고 늘 강조하셨습니다. "결국 마지막에는 시인만 남는다"(Finally Comes the Poet)는 강조의 말씀도 자주 하셨고, 그 제목으로 책도 내셨습니다.

'시인'은 사물의 안과 밖, 그 너머를 보는 사람입니다. 그래서 그는 사유와 성찰을 멈출 수 없는 사람이지요. 어두움 속에서도 빛을 보는 사람이고, 땅을 걸어가면서 하늘을 보는 사람이며, 천상의 노래를 인간의 언어로 담아내는 사람입니다. 삶의 근원과 본질을 늘 추구하는 사람입니다.

설교자는 보이지 않는 하나님의 세계와 신비를 보고 두려움과 떨림을 가진 사람이어야 하며, 그 가슴 벅찬 세계로 인해 신비의 가장자리에서 춤을 추는 사람입니다. 그리고 그가 보았던 세계와 그 신비를 이 땅에 펼쳐 보이는 사람입니다. 천상의 언어를 땅의 언어로 풀어 들려주어야 하는 막중한 사명을 가집니다.

그래서 그 선생님은 성경 본문 앞에서 몸부림하는 젊은 설교자들에게 본문의 행간과 그 너머의 세계, 숨겨진 이면을 볼 것을 요청했습니다. 매주 제출하는 보고서에서 그것이 보이면 'excellent'(탁월함)라고 붉은 글씨로 표시하신 후 느낌표의 수를 달리하셔서 칭찬과 암묵적 동의를 표시하셨습니다. 반면 그렇지 않은 보고서에는 여러 개의 물음표를 붙이시고는 했습니다.

평생 목양 현장에서 몸부림치는 한 설교자가 그 세계를 풀어내는 과정에서 주신 영감과 감격을 담아 시집을 내기로 했다는 소식을 듣고 참 기뻤고, 그 원고를 읽으면서 마음에 깊은 감동의 물결이 일었습니다.

이양수 목사님을 처음 만난 것은 광나루 언덕 장로회신학대학교 신대원 강의실에서였습니다. 함께 씨름해 가던 시절, 흡수하듯 처음 소개되는 현대 설교학의 이론들을 빨아들이면서 새롭게 자신의 세계를 열어 가는 모습에 감동했습니다. 제출한 보고서를 읽으며 제 선생님이 그러셨듯, 목사님이 제출하신 보고서 곳곳에 'so excellent'(매우 탁월함)라는 단어를 빨간 글씨로 담아냈습니다.

그의 언어는 평이한 언어도, 사변적인 언어도 아니었습니다. 가슴에서 나오는 고향의 언어였고, 삶의 자리에서 찾아낸 현장의 언어로 그가 전하려는 메시지를 풀어 가는 모습이 정말 귀했습니다. 그래서 저는 목사님이 계속해서 설교학을 공부하도록 권유했고, 목사님은 저의 생각을 따라 설교학도가 되어 깊은 연구를 계속했습니다. 그리고 그동안 연구한 신학을 목양의 현장에서 사역으로 풀어내고 있습니다.

10여 년 세월 동안 목양의 현장에서 말씀의 '넓고 맑은 샘'에서 하늘의 말씀을 퍼 올리던 시인이 자신의 인생길에서 만났던 거룩한 실재와 그분이 보여 주신 은혜를 시어들로 풀어서 이렇게 아름다운 시집으로 내놓으신 것을 대하며 마음에 큰 기쁨이 몰려옵니다. 말씀의 여정에서 하나님의 세계와 시원(始原)을 보게 하려던 저자가 시의 언어로 그것을 보여 주고 있기 때문입니다.

시집을 읽다 보면 어느새 고향의 품에 안기게 되고, 포근한 어머니의 품에 안겨 있는 느낌이 듭니다.

> 아들아,
> 너의 눈에 여유로운 저녁 놀
> 느껴지지 않거든
> 바람에 실려 오는 꽃향기 없거든
> 눈을 들어 파란 하늘에

가슴 뭉클해지지 않거든
조금만 기다리거라

  시의 한 구절을 읽으면서 저는 고향 언덕을 서성이고 있었고, 밥 먹으라고 부르시던 고향의 소리를 듣고 있었습니다. 어머니의 품과 아버지의 사랑의 속삭임이 들리는 듯합니다.
  시인은 지금 고향의 언어로 우리의 처음 자리를 그려 냅니다. 그 중심에는 고향의 부모님 사랑이 진동합니다. 피천득 시인은 "내가 다른 사람한테 칭찬받고 잘된 부분은 모두 엄마에게 물려받았고, 부족하거나 모자란 부분은 엄마와 오래 생활하지 못해서"라고 했던 이야기가 시인의 시에서 이해가 됩니다.
  우리는 모두 작은 가슴에 큰 하늘을 품고 사는 사람입니다. 때로 우리 가슴이 너무 작아 보이지 않고, 선명하지 않아 가슴앓이를 하기도 하고 방황하기도 합니다. 그때마다 하늘의 별을 노래하게 하는 목자가 있어 감사하고, 지로(指路)하는 소리가 있어 참 고맙습니다.
  평생 고뇌하며 구도자로 살았던 빈센트 반 고흐는 사람들은 충분히 감탄하지 못하고 있다면서 "아름다운 것에 될 수 있는 한 많이 감탄하라"고 권면합니다. "진정한 그림은 색으로 빚어진다"는 그의 외침처럼 시의 언어로 하늘의 신비와 고향의 아름다움과 우리의 근원을 빚어 보여 주는 시인이 고맙습니다.

문득 시집을 읽다 보면 정호승 시인이 노래한 "나무 그늘에 앉아/ 다른 사람의 눈물을 닦아 주는 사람"을 만난 느낌이며, 그의 모습은 그 얼마나 고요하고 아름다운가라고 외치는 이유를 알 것 같습니다. 시인이 사랑한다는 그 '사람'을 만난 느낌입니다.

"귀족의 손처럼 상처 하나 없이 매끈한 것"보다는 벌레 먹은 나뭇잎이 예쁘다면서 "남을 먹여가며 살았다는 흔적은/ 별처럼 아름답다"고 한 팔순 시인(이생진)의 고개 끄덕임을 보는 것 같습니다.

저자가 섬마을에서 자랐기 때문일까요?

저자의 시어에서는 끊임없이 밀려오는 파도 소리가 들리는 듯하고, "내 인생의 굽은 오솔길/ 그곳에 서 있으면 아버지/ 목소리가 들린다"는 그리움 가득한 목소리에서는 고향의 짠 내음까지 느껴집니다.

김규동 시인은 후배들에게 "등불은 언제까지나 희미한 적 없다"는 말을 자주 들려주었다지요. 복음의 등불, 생명의 등불을 높이 들기 위해 몸부림치면 치열하게 달려온 시인의 첫 시집 발간을 축하드리면서 그 등불을 더 밝게 비추시길, 하늘 소릴 계속 들려주시길 기대합니다. 어두움이 더 짙어졌기에 시인의 등불이 더 선명하고 밝게 비추길 빕니다.

> 추천사
>
> 3

최홍진 박사
호남신학대학교 총장, 신약학 교수

이양수 목사님을 처음 뵌 것은 목사님이 광천교회에 부임한 후 얼마 있지 않다가 내가 교회를 방문해서 설교를 했을 때였습니다. 한소망교회에서 류영모 목사님의 지도 아래 목회를 잘 배우고 부임했다는 얘기를 들었습니다. 이양수 목사님의 첫 인상은 그의 고향 섬처럼 순수해 보였으며, 참으로 선한 분이라는 생각이 들었습니다.

그 후로 이 목사님이 호남신학대학교 채플에서 설교했습니다. 그의 설교에 깊은 영적 감동을 받았으며, 말씀을 바르게 전하고, 바르게 살려는 마음이 느껴졌습니다. 제가 목사님을 존경하고 사랑하는 마음으로 대해서 그런지, 목사님도 나를 편하게 대하는 것 같았습니다. 그렇게 해서 우리는 형과 동생처럼 지내게 되었습니다.

시집의 추천사를 써 달라는 부탁을 받고, 그의 시를 읽기 시작했는데, 뭔가 뭉클한 감정이 나를 사로잡았습니다. 어렵고 고상한 말들이 없어도, 왠지 그의 시에서 가슴 따뜻함이 느껴졌습니다. 그도 그럴 것이 그의 첫 시집 『엄마를 기다리는 아이』에는 엄마, 아버지, 고향, 어린 시절과 젊은 날들이 한데 어우러져 있었습니다.

이 세상에 엄마가 그립지 않은 사람이 누가 있으며, 고향이 그립지 않은 사람이 누가 있겠습니까. 그의 시는 모든 사람의 공통 감각과 감정을 어루만지는 능력이 있습니다. 저는 이것이 이양수 목사님의 가장 큰 장점이라고 생각합니다.

목사님의 글이기에 그리스도인에게만 읽혀지고 이해되는 시가 아니라, 누구나 읽어도 가슴이 울컥하고 그리워지고 자신의 엄마와 아버지, 자신의 고향과 추억으로 떠나는 능력이 그의 시에는 있습니다.

이것이 오늘 교회가 세상에 보여 주어야 하는 것이 아닐까요?

세상의 믿지 않는 사람들이 교회와 목회자를 향해 곱지 않은 시선을 보내는 이때, 그의 시에서는 때 묻지 않고, 섬에서 이제 막 나온 시골 사람의 냄새가 납니다. 세상이 그리워하고 만나기를 원하는 사람은 그런 사람이 아니겠습니까. 그래서 이 시집은 사람들의 마음을 열고 다가오게 하기에 교회에서 전도용 책자로, 새 가족 선물로 사용하면 참 좋겠습니다.

그의 시와 감성들이 앞으로도 많은 사람에게 알려지기를 바라며, 첫 시집을 발판 삼아 두 번째, 세 번째 시집도 계속 출판되기를 바랍니다. 맑은 영성의 목회자를 우리 곁에 두고 살아간다는 것은 우리에게는 큰 위로요 축복입니다.

엄마를 기다리는 아이

A Child Is Waiting for Mother
Written by Yangsoo Lee
All rights reserved.
Korean Edition Copyright © 2022 by Wheat Berry Books, Seoul, Korea.

엄마를 기다리는 아이

2022년 11월 30일 초판 발행

지 은 이 | 이양수

편　　집 | 전희정
디 자 인 | 박성숙, 서민정
펴 낸 곳 | 도서출판 밀알서원
등　　록 | 제21-44호(1988. 8. 12.)
주　　소 | 서울특별시 동대문구 천호대로71길 39
전　　화 | 02-586-8761~3(본사) 031-942-8761(영업부)
팩　　스 | 02-523-0131(본사) 031-942-8763(영업부)
이 메 일 | clckor@gmail.com
홈페이지 | www.clcbook.com
송금계좌 | 기업은행 073-085404-01-017 예금주: 밀알서원
일련번호 | 2022-124

ISBN 978-89-7135-138-3 (03230)

이 책의 출판권은 도서출판 밀알서원이 소유합니다. 신저작권법에 의하여 한국 내에서 보호받는 저작물이므로 무단 전재와 무단 복제를 금합니다.

엄마를 기다리는 아이

이양수 지음

자연

사람

그리움

기도

도서출판 **밀알서원**

목차

추천사 1 류영모 목사 | 한국교회총연합회 대표회장, 대한예수교장로회(통합) 직전 총회장,
　　　　　　　　　　한소망교회 위임 /

추천사 2 김운용 박사 | 장로회신학대학교 총장, 예배설교학 교수 4

추천사 3 최흥진 박사 | 호남신학대학교 총장, 신약학 교수 9

책머리에 18

제1부

자연

강물을 보내며 21

벚꽃 연가 23

봄 봄 봄 24

세월 25

아들에게 건네는 말 27

아카시아꽃 30

여름 33

저녁 풍경 34

풀꽃 35

풀이 눕는다 37

제2부

사람

몇 가지 진리　40

무말랭이　42

밭에 가는 길　45

선물　48

아기꽃　51

아내에게　52

아버지　54

아버지의 등　56

장미　59

태극기 휘날리며　61

| 제3부 |
| 그리움 |

기다림 65

마스크 묵상 67

별 69

비행기 71

아버님 전상서 72

엄마를 기다리는 아이 76

저녁 78

<u>코스모스</u> 80

<u>코스모스</u> 2 83

팽목항에서 86

제4부

기도

그저 감사하면 될 것을 90

나의 기도의 제목 93

매미 95

부활절에 쓰는 편지 97

새봄에 드리는 기도 102

소망의 기도 103

십자가 바람이 분다 105

윤동주를 읽으며 106

창립주일에 읽는 감사시 108

화장지처럼 사용하세요 111

『엄마를 기다리는 아이』해설
김수중 박사 | 조선대학교 국문과 명예교수 114

책머리에

이양수 목사
광천교회 위임

  나는 시인이 아니다. 그러나 나는 시인을 사랑한다. 시인들의 가슴과 글귀 속에 숨은 눈물을 사랑한다. 그래서 나도 시를 써 보고 싶었다. 어디서부터 시작할지 몰라서 내 고향과 추억, 어머니, 아버지와 함께했던 유년 시절로 돌아갔다. 그곳이 내 시가 잉태된 곳이었다.

  이 시들은 내가 목회하고 설교하면서 한 편 두 편씩 써서 모은 시들이다. 그러기에 교회는 나의 감성에 물과 영양분을 준 모판과 같고, 성도들은 가녀린 나를 어루만져 준 농부의 손길과 같다. 그래서 지금 목회하는 광천교회와 성도들에게 깊은 감사를 드린다. 광천교회 성도들은 나의 시와 함께 울고 웃어 주었다. 그래서 내가 계속해서 시를 쓸 수 있게 되었는지 모른다.

  이 시집이 나오기까지 나의 사랑하는 아내와 자녀들이 보내 준 사랑과 기도를 잊을 수 없다. 그들은 나의 꿈이 영글어 갈 수 있도록 변함없이 그 자리를 비춰 준 햇빛과도 같다.

이 시집이 나오기까지 감사한 분들이 너무 많다.

김수중 교수님은 나의 투박한 시를 좋게 봐주시고 정성껏 시 해설을 써 주셨다. 류영모 목사님은 내게 진짜 목사의 모습이 무엇인지 가르쳐주신 분으로 추천사를 써 주셨다. 김운용 총장님은 나의 설교 신학에 가장 많은 영향을 주신 은사님으로 추천사를 써 주셨다. 최흥진 총장님은 내가 마음을 기대며 의지하는 친형님 같은 분으로 추천사를 써 주셨다.

그리고 은퇴는 숨는 것이라고 하시면서 후임목사와 교회를 위해서 보이지 않게 늘 기도하시는 사랑하는 박금호 원로목사님께 진심으로 감사를 드린다. 보잘 것 없는 나의 시를 출판해 주신 밀알서원에도 감사를 드린다. 이 시집은 이 모든 분의 사랑이 엮어 낸 감사 책자이다.

나의 모든 것(어린 시절, 추억, 고향, 아버지, 어머니, 가난, 슬픔, 기쁨, 소망)을 다 사용하셔서 오늘의 나를 빚어 주시고 사용해 주시는 하나님께 모든 영광을 돌린다.

2022년 가을
목양실에서

제1부

자연

강물을 보내며

고갯짓 휘저으며
이리저리 내달리는
거친 숨소리
돌에 부딪혀
팽그르르 몸이
회전한다
다시 가다듬고
내지르는 뜀박질
멀리 꽃망울
오롯이 보다가
걸음이 느려진다
흰 거품이
네 속을 드러내고
끊이지 않는 소리가
네 마음을 노래해도
이내 도달하는
고요한 평온
이제는 가거라
이제는 뒤돌아보지 마라

흘러온 길에
흔적 남지 않아도
지금 걷는 이 길이
흔적이다
가고 있는 이 길이
상념의 미래다

벚꽃 연가

천변 벚꽃이 핀다
꽁꽁 다 싸매도
눈부신 설움은 지긋이 온다

교회 앞에 핀 꽃이 가장 빛난다
집 앞에 핀 꽃이 가장 예쁘다
내 맘속에 핀 꽃이 가장 향기롭다

사람도 그렇다
마음속에 새겨진 사람이
가장 빛나고 예쁘고 향기롭다
나도 누군가에게 그런 사람이고 싶다

봄 봄 봄

봄은 소망을 봄이다
여기는 여전한 겨울
뭉툭한 가지에서도
연하고 부드러운 꽃을 봄이다

봄은 그리움을 봄이다
지나간 날을 추억하며
고난도 그리움으로
생각해 봄이다

봄은 달려가 봄이다
영겁의 시간으로
순간의 환희로
비틀거려도 나아가 봄이다

세월

쌀쌀한 바람이 간다
그 곁
몽글몽글한 봄꽃 같은 바람이 온다

내 체온 담은 석양이 간다
그 끝
사락사락 치마 끌리듯
빚어 만든 내 하루가 온다

아직 날은 차갑고
저기에서 본 칼바람
내 가슴속에 파고드는데
홍매화는 벌써 피었다

세상사
가고 오는 것
보내고 맞이하는 것
그 사이에 있는 것
나는 오늘 무얼 하며
그 사이에 서 있었는가

아직도 내 부끄러움은
서산에 걸려 있다

아들에게 건네는 말

한낮의 뜨거운 햇살이
살갗을 파고든다
아스팔트의 열기가
호흡을 멎게 한다
빨리 이 길을 지나야지
환한 대낮에도
내 눈에 아무것도 보이지 않았다

해가 기울고
나뭇잎 사이로
햇빛이 걸려
잘게 부서질 때
그 똑같은 길을 걸어간다

바람도 불고
풀꽃향기도 멈추고
참새 떼 풀숲에서
와르르 날아오르고
뭉게구름 몽글몽글

피어오르는 하늘도 보인다

아침에도 걷고
나른한 오후에도 걸었던
그 길이 맞을까
그때도 햇빛은 있었고
바람도 풀꽃도
새들도 구름도
하늘도 있었을 텐데
이제야 보인다

아들아,
너의 눈에 여유로운 저녁 놀
느껴지지 않거든
바람에 실려 오는 꽃향기 없거든
눈을 들어 파란 하늘에
가슴 뭉클해지지 않거든
조금만 기다리거라

아직 너는 햇볕에 달구어진
한낮을 지나는 길이니
이것이 끝이라고 여기지 말아라

너에게도
비로소 보이고
눈에 들어오는 때가 오리니
그때까지는 포기하지 말아라

너가 걷는 그 길을
나도 걸었었다
지금도 걷고 있다

아카시아꽃

탐스런 향기를 매단
아카시아에 마음이 끌린다
풍성한 신록으로도 다
가릴 수 없는 자태
난 그 나무 아래
노인처럼 허리를 펴고
숨을 쉰다

대학교 4학년
미래가 눈감은 것처럼
아무것도 보이지 않을 때
어머니가 많이 아프셨다

어머니를 하얀 약 냄새 나는
병원의 침대에 누이고
저녁을 서성거렸다

밤공기에 실려 오는
아카시아 꽃향기

어머니의 아픈 신음소리에
그 향기가 내게는
아픔이었다

시골에서 올라와
나는 구두공장에 취직했다
밤마다 하는 야근
희미한 형광등
세차게 돌아가는 기계소리
결핵이 깨우는 기침소리
밖은 이미 어둠이 내렸다

밤마다 나는 고향으로 떠났다
가족이 떠오르게 만드는 5월
공장 앞 동산에서 부는 바람은
하얀 아카시아 향기가 된다
가죽 냄새 본드 냄새와 섞여
아카시아 향기가 춤을 추었다
아카시아 향기는

내게 병원이다
내게 공장이다
아픔과 질고가 떠오르는 향기

나는 아카시아 그늘 아래서
어머니 눈물을
애타는 그리움을
청춘의 기침을
맡는다

여름

나는 열대야에 뒤척이고
잠자리는 아침 햇살에 뒤척인다

나는 더위에 정신이 없고
아이들은 작은 풀장의 물놀이에 정신이 없다

나는 숨는 그늘에 찾아들고
구름은 태양을 피해 하늘에 찾아든다

나는 여름이 지나가기를 기다리고
여름은 우주에 생명과 열매를 주기 위해 멈추기를
기다린다

저녁 풍경

저녁은 한가롭다
집으로 돌아가는
차들은 여유롭다
아침에 불던
나뭇잎 닦달하던
바람도 지친 듯
길목에 멈춘다

도시의 집들은
자기 색깔로 돌아오고
어둠에 웅크리던
네온사인이 얼굴을 내민다

저녁은 고요하다
저녁이 되고
아침이 되는 이유는
어둠과 침묵이 있기 때문이다
순해지는 저녁에
사나왔던 내 마음을
어루만지고 싶다

풀꽃

너의 이름을 몰라
풀꽃이라 불렀다
돋아오는 생기
나풀거리는 자태
여느 풀과 다름없는 생명

어느 오월의 햇살 아래
꽃이 피었다
하얀 참빗의 결 위에
노란 눈 하나 박혔다

미안하다 미안하다
너의 이름이 없는 것이 아닐텐데
너의 이름을 몰라 풀로 알았다
이제는 세상에게 너는 꽃이다

누군가에게 꽃이 피기 전까지
풀이라고 말하지 말라
네 미래에 꽃대 올리기 전까지

풀이라고 무시하지 말라

나의 마지막 날들 위에는
무엇이 피어 있나

풀이 눕는다

풀이 눕는다
바람의 긴
싸리비질에
군무(群舞)의 몸짓으로 일제히 눕는다

갈대가 눕는다
우리 아버지
흰머리 거울 앞에서
넘기듯
잔뜩 힘을 준다

바람이 지나간 자리
저 멀리 바람은 갔어도
풀은 몸을 세우고
갈대는 흰머리를
고갯짓으로 든다

넘어졌던 휘청거림으로
넘어졌던 반동으로

다시 일어선다

넘어지지 않으려
질기게 버틴 세월
이제는
잘 넘어져야지
그래서 일어나야지

제2부

사람

몇 가지 진리

강물은 오늘도
서늘한 햇볕
나른한 오후
순한 석양도
제 품에 안고
투덜거리지 않고 간다

바람이 지나는 길을 내주고
상처인 듯 흔들거려도
어제 일처럼 잊고 간다
자식이 아픔만 줘도 웃기만 했던
우리 엄마 같다

벚꽃이 진다
매서운 꽃샘추위를
견딜까 잠 못 이루고
따스한 바람에
다 녹아 내렸다

꽃은 떨어져도 슬퍼하지 않고
아스팔트에 뒹굴어도 탓하지 않는다
그대에게 준 기쁨으로 고요히 눕는다

매화는 붉고
벚꽃은 희고
유채는 노랗다
세상은 변하는데
변함없이 가는데
초록 옷 입는 수양버들을 보며
난 지금도 걷는다

무말랭이

꼬들꼬들 오독오독
무말랭이에서 풍기는 맛과 식감
난 어려서 그 맛과 식감이 싫었다
언제나 내 도시락엔 김치와 무말랭이뿐이었다

보물상자를 열듯 기대하는 마음으로 열어도
'오늘도 똑같이 무말랭이밖에 없네'
난 실망했다

친구들 도시락에서는 고기와 계란, 멸치 냄새가 났다
내 노란 도시락을 헤집고 나오는
누릿한 무말랭이 냄새
내 몸에서도
책가방에서도
내 옷에서도 그 냄새가 나는 것 같았다

오랜 세월이 흘러 나는
무말랭이 반찬을 가장 좋아하는 사람이 되어 있었다
왜 그랬을까

무슨 일일까

나에게 무말랭이 반찬만 싸 주신
엄마 마음은 어땠을까
무말랭이 반찬 하나 놓고
물 말아 입에 훌훌 털어 넣고
또 일하러 가야 했던 우리 엄마를
누가 위로해주었을까
셋째 형 낳고
다 빠진 치아에
맞지도 않는 틀니 해 넣으시고 잡수시던
무말랭이는 얼마나 괴로운 음식이었을까

가난한 유년 시절
내 곁에 있었던 무말랭이
그 아픈 것을 사랑하며 사셨던 어머니이기에
나도 나의 아픔을 사랑하고 싶다

무말랭이는 어머니의 아픈 마음이다
고난에 비틀어진 아픈 눈물이다
입안을 돌며 씹히는 가련한 추억
평생을 사랑하셨어도 자식에게 항상
미안하다 미안하다 말씀하신 엄마의 눈물을 먹는다

밭에 가는 길

오늘은 아버지와 밭에 가는 날
아버지는 지게에 온갖 시름을 담는다
쟁기, 호미, 낫
누렁이 다독이며 가는 길
난 곡괭이 하나 어깨에 메고
아버지 뒷모습만 보고 간다

친구들과 뛰어놀던 *매뚱을 지나고
우리 마을에서 가장 높은 집
내 친구 종훈이의 집도 지난다
우리 아버지는 오솔길보다 좁은 길을
잘도 간다

바다가 보이고
저 건너편
내 친구와 멱 감으며 놀던
백사장도 보인다

아버지의 호령이 언덕배기

빈 밭에 울렁인다
자라 자라!
이랴 이랴!
와! 와!
아버지는 아기 다루듯
누렁이를 달랜다

외로움에 키도 덜 자란
살구나무 그늘에
아버지와 난 모였다
아버지는 바다 위 떠 있는
섬들의 이야기를 들려주셨다
다 알 수 없어도
다 기억하지 못해도
내게 남은 추억은 아스라하다

노을이 물들고
붉은 바닷물
내게도 몰려올 때

일을 마쳤다
오는 길과 돌아가는 길
길은 같은 길
올라올 때 아버지가 먼저 가신 길
내려갈 때는 내가 앞장 선다
내 발이 경쾌하다

저 만치 앞선 내 귀에
애타는 아버지의 목소리
석양으로 들어간다
"아야! 천천히 가라 급히 가면 다칠라!"

내 인생의 굽은 오솔길
그곳에 서 있으면 아버지
목소리가 들린다
"아야, 천천히 가라. 급히 가면 다칠라!"

*매뚱 : 묘지의 사투리

선물

오늘도
엄마 아버지는
산에 나무를
하러 가셨다

마당 한가운데
말끔히 청소되고
비닐과 밧줄
한 켠에 가지런히
포개진 것을
보고 알았다

쓰러진 나무
톱으로 켜고
낫으로 가지를
자르고
솔잎
쇠갈퀴로 긁어 모으고
아버지 지게 지고

어머니 머리에 이고
언제쯤 오시려나

가을 햇볕이 노인처럼
늙으스레 기우는
저녁에
엄마 아버지는
마당에 짐을 푼다

한 단 한 단
쌓이는 탑
이번 겨울양식처럼
시루떡처럼 쌓아 올려
가시에 찔려도
아버지는 말이 없으시다

엄마는 산에서 꺾은
망개 열매
수줍게 내미신다

꺾기도
보관하기도
가져오기도 어려웠을
얽힌 망개나무 가지
이리저리 찔리며 꺾은
붉은 망개 열매
내 입에 넣으면
상큼한 아련함
퍼진다

아무리 맛있는 과일을
먹어도
난 지금도
엄마가 건네던 망개 맛이
가장 그리웁다

아기 꽃

아가야
꽃향기에 취할라
조심조심 하거라

네 작은 손으로
다 담지 못한 노란 꽃
향기를 맡는다

뒤뚱뒤뚱
아장아장
꽃을 찾아
눈감은 네가
더 아름다운 꽃이다
아기꽃이다

아내에게

아내여!
당신의 이름은 가엾다
남편 하나 믿고
당신의 삶 없이
살아온 세월이 가엾다

아내여!
당신의 이름은 고마웁다
평생을 밥 지어도
변함없이 밥맛에
미각이 도니 고마웁다

아내여!
당신의 이름은 쓸쓸하다
자식들 멀리 떠나고
남편도 내 맘 몰라 멀리 떠나면
온통 세상은
고아 같으니 쓸쓸하다

아내여!
당신의 이름은 아프다
먼저 떠난 인생길
손 흔들며 뒤돌아볼 수 있다면
후회와 부끄러움뿐
남은 자 같은
그리움의 형벌이기에 아프다

아내의 이름이
가엾다는 것을
고마웁다는 것을
쓸쓸하다는 것을
아프다는 것을
이제야 알아
난 더 아프다

아버지

아버지 마른기침에 눈을 뜬다
기침이 잦아드는 날
아버지 머리맡에는
냉수 주전자와 날계란
하나 올려져 있다

아버지는 전날에 장례식에 다녀오셨다
장례식이 있는 날
아버지는 장례행렬을 이끄는 고수(鼓手)였다
작은 북 어깨에 둘러메고
상여꾼들의 걸음을 인도하던 아버지
장지가 먼 곳은 서너 시간이 걸렸다
슬픔의 걸음 동안
슬픔을 토하는 노랫소리는 힘겨웠다

저녁에 들어오면
아버지는 목이 쉬었다
아버지 목에서는 쇳소리가 났다

아침에 가장 먼저 퍼 올린 차가운 샘물
옆집에서 얻어온 날계란은
어머니가 아버지에게 주는 치료제였다
나는 잠에서 깨었어도
눈을 감은 채
아버지의 기침소리를 들었다

아침에 눈을 뜨면 지금도
가끔 아버지 기침소리가 들린다

아버지의 등

내 등을 아이에게 맡긴다
주먹으로 두드려라
발로 밟아라
팔꿈치로 눌러라
아이는 딱딱한 내 등을 보며
돌처럼 단단하다고
근심 어린 눈빛이다

내 아버지의 등도
딱딱했다
저녁을 먹으면
아버지는 방바닥에
노을처럼 누웠다
내 가녀린 몸무게로는
아버지의 등을 다 어루만지지 못했다

그래도 아버지는
아이쿠 시원하다 시원하다
내 손에 장단 맞추어

좋아하셨다

마른 논처럼 말라 단단해진 등
거북이 껍질처럼 딱딱해진 등을
속절없이 만지며
아버지는 좋겠다고 생각했다
갑옷처럼 둘러 입은
아버지의 등이
난 부러웠다

내가 아버지가 되고 보니
내 아버지
딱딱한 등은 세월의 무게
바닷가 온갖 세찬 파도에
이리 저리 몸이 깎인
반질반질한 바위가
등 굽은 채로 누워 있었다

시원하다 시원하다
소꿉놀이 같던 내 손으로는
만질 수 없는 고난에도
아버지는 노랫가락처럼
읊어 나를 어루만지셨다

등굽은 할아버지가 길을 간다
뒷짐 지고 걸어가는 발자국에
세월들이 흩어진다
아버지의 구부정한 뒷모습이
저어기 길을 간다

장미

공장 울타리 쇠철망에
달린 붉은 장미
너는 담장을 넘어가고 있었니?
담장을 넘어온 것이니?
나직히 물으니

빨간 장미는
담 넘다가 들킨 아기처럼
빨간 부끄러움만
댕댕댕 붙여 놓았다

나는 이 길을 가고 있나
돌아오고 있나

나는 죽음을 향해 가나
부활을 향해 가나

나는 지금 어디쯤
서 있는가

나에게도 붉은 장미의
부끄러움이 있다

태극기 휘날리며

아버지 관에 태극기를 감쌌다
아버지 영혼이 일렁이듯
태극기가 날린다

아버지는 결혼하고
새색시 우리 엄마
눈물 뒤로 하고
첫째 아이를 낳고
한국전쟁에 나가셨다

금화전투에서 포탄에 스러졌다
깨어나 보니 동료들은 거의 죽고
아버지도 등과 손에 심각한 부상 입으셨다
국군병원으로 이송되어
부상으로 집으로 돌아오셨다
전쟁으로 갈 수 없던 고향과
처자식에게 돌아왔다
손과 등에 박힌 상처 훈장이 되어

부상 입지 않았다면
언제까지 어디까지 갔을까
전쟁은 내 아버지를 집으로 보내 주었을까
그렇게 해서 돌아올 수 없었다면
나도 이 세상에 없었으리라
나도 이 세상을 보지 못했으리라
내가 이 세상을 보는 건
그래도 아버지의 그 희생 때문이다

태극기 휘날리며
펄럭이는 자태 속에서
나는 나의 생명을 본다
다른 사람들은 태극기에서
나라를 보지만
나는 나의 나라
아버지를 본다
아버지의 목숨을 본다

단상에 있는 태극기

바라보며 내 가슴에 손을 얹으니
심장이 뛴다
뛰는 심장이 나에게 외친다
너의 조국은 아버지다

제3부

그리움

기다림

흐르는 강물에 발 담그고
백로 한 마리 외로이 서 있다
물속은 얼마나 깊을까

송사리 떼 은빛 튀기며
파닥파닥 떠올라도
요동하지 않는다

기러기 한 쌍
하늘에 날고
바람에 강물
얼굴을 간지럽혀
웃음 진동에도
흔들리지 않는다

무얼 생각하니
무얼 잡기 위해 기다리니
기다림에 끌려
발길 멈추어 서

응시하니
나도 기다림이 된다

기다림은
기다림을 낳는 법
네가 기다리니
나도 기다리고
새들도 기다리고
하늘도 기다리고
바람도 기다린다

마스크 묵상

집을 나서며 못에 걸린 마스크를 쓴다
입을 가리며 다짐한다
오늘은 너무 많이 말하지 않도록
오늘도 침묵을 더 많이 배우기를

마스크를 쓰다가 문득 생각난다
그 동안 마스크 쓰고 살았던 사람들
수술실 사람들, 먼지 많은 공사장 인부들,
쓰레기봉투를 치우는 환경미화원들,
하수구 청소하러 들어가는 일용 노동자들 …

마스크 쓰고 살았던 사람들은
낮은 곳, 아픈 곳, 냄새 나는 곳에서
얼마나 답답했을까
내가 한가로이 살아온 것은
그들의 매일매일의 헌신 덕분이다

가을빛 물든 천변길을 걷는다
풀벌레 소리도 들리고
시원한 공기도 맞아 보지만
답답한 것은
가을이 내려앉은 풀 향기 못 맡는 것
그 향기 따라 피는 내 고향의 기억을 잊는 것
마스크가 안 좋은 것은
아주 소소한 것 하지 못하게 하는 것이다

마스크는
부끄러움도 고마움도 알게 한다
딱딱해진 정신과 감성도 깨운다
나는 오늘도 흰 깨달음을
내 입에 대고, 내 귀에 걸친다

별

내 집 앞 옥상은
별을 보는 천문대
바람에게 묻고 싶은 날
고향이 생각날 때
난 별을 바라본다

으스름한 새벽녘
덜 깬 잠 너머로 보는
별은 차갑다

둥근 달 곁에 있어도
빛이 사그라들지 않는
별을 닮고 싶다

세찬 바람에
갈대는 누워도
별은 잠들지 않는다

하늘에 박혀 나를 바라보는
별은
온 세상에 떠 있는
엄마의 잠들지 못하는
눈길이다

비행기

설레임을 실은 몸뚱이
나는 이곳에 남아
설움이 복받친다

저곳에서 만날 일
너에게는 그리움이지만
이곳에서 만날 날
나에게는 서러움이다

더 멀리 갈 때까지
나는 너를 보았다
점. 까만 점이다
이제는 다 같아진 것을

설레임도 서러움도
그리움도 이별도
이제는 하나다

아버님 전상서

아버지! 참 오랜만에 불러보는 이름입니다.
설교하면서 수없이 불러보았지만,
내 아버지의 모습을 그리면서 아버지라고
불러보기는 참 오래되었습니다.
아버지, 저는 아직도 아버지란 존재가
어떤 존재인지 잘 모르겠습니다.
그러다가 문득 아버지 당신의 모습이 떠오릅니다.
어렸을 때는, 아버지를 사랑한 날보다는
미워했던 날이 더 많았습니다.
왜 이렇게 내게 험한 말을
많이 하느냐고 생각했습니다.
왜 다른 집 아버지처럼 그렇게
따뜻한 말 한마디 해 주지 못하는지
이해가 안 되었습니다.
큰 소리를 내며, 호통하셨던 아버지의 기억 속에
저는 오랜 시간 갇혀 있었습니다.

그러나 세월이 지난 지금 생각해 보면,
아버지께서는 그렇게 하실 수밖에

없었겠다는 생각이 들었습니다.
가정이, 환경이, 삶의 무게가 아버지를
그렇게 살아가도록 했을 것이라는
막연한 측은지심이 들었습니다.
아버지도 누군가의 자식으로 살아갈 때
그렇게 살았을 것을 미처 몰랐습니다.
나는 내 안에 있는 상처만 바라보았을 뿐,
아버지의 인생에 새겨진 상처는
보지 못했습니다.

어렸을 때는,
"왜 나에게 이렇게 힘한 말만 하냐"고
서운해 했습니다.
그러나 지금은,
"아버지! 왜 그 때 아버지도 힘들다고
말씀하시지 않았습니까"라고 묻고 싶습니다.
어렸을 때는,
"왜 이런 가정에서 살아야하는지?"
참 서운했습니다.

그러나 지금은,
"아버지! 왜 저처럼 그 상처 난 마음을 가지고,
바다를 향해서 소리라도 지르지 않았습니까"라고
묻고 싶습니다.
어렸을 때는,
"왜 나에게 수염 난 아버지의 얼굴을 대는지!"
그것이 싫었습니다.
그러나 지금은,
"그것이 아버지의 사랑이라고, 내가 너를 사랑한다는
아버지의 마음을 왜 몰랐느냐"고 저에게 묻고 싶습니다.

아버지.
내가 사랑하는 아버지.
내가 사랑하는지도 모른 채
내 곁을 떠나 버린 아버지.
이제야 조금 깨닫습니다.
아버지가 저를 얼마나 사랑했는지를.
내게는 서툴게만 보이는 아버지의
그 사랑이 진짜 사랑이었음을.

천국에서 아버지를 만난다면,

나는 그 어릴 적 아이의 모습으로

아버지에게 안기고 싶습니다.

그 옛날의 모습으로 돌아가도,

그 속에 깊은 사랑이 있었음을 알고 싶습니다.

그래서 아버지께 너무나 때늦은

용서를 구하고 싶습니다.

아버지, 나를 왜 그렇게 사랑하셨나요?

그러면 아버지는 나에게 이렇게 말씀하실것 같습니다.

내가 내 자녀에게 하는 말처럼

"그냥. 그냥 사랑하니까. 내 새끼니까."

내가 인생을 더 살면서 아버지가 무엇인지 더 알게 될 때,

그때는 아버지를 더 꼭 안아드리고 싶습니다.

그때도 아버지는 내게 차돌처럼

단단한 몸을 가졌을까요?

아니면 자식들을 위해서 다 주어 버리고

부서질 듯한 가을 낙엽같은 몸을 가졌을까요?

어떤 모습이어도 상관없습니다.

아버지! 사랑합니다. 아버지! 참 많이 보고 싶습니다.

엄마를 기다리는 아이

내 어릴 적
울 엄마 며칠씩 집을 비우셨다
섬에서 나는 김, 파래, 미역, 다시마
봇짐 머리에 이고 육지로 팔러 다니셨다
머리에 인 것은 해산물이 아닌 지독한 가난과 설움이었다

엄마가 없는 날
난 돌담 대문가에 서서 엄마를 기다렸다
어둠이 찾아오고 새들도 자기 집으로 돌아갈 때
난 손가락을 꼽았다
엄마 없는 하루, 이틀, 사흘
한 손가락이 다 차는 날
그리움이 차올라 눈물이 되려고 할 때
엄마는 집으로 오셨다 꼭 오 일 만에

엄마가 돌아오신 날
난 엄마의 가슴에서 잠이 들었다
엄마 없는 그리움보다 엄마의 살냄새가 더 좋았다
글자도 모르던 일자무식 울 엄마는

어떻게 사람을 그렇게 잘 알았을까
어떻게 내 마음을 그렇게 잘 알았을까
엄마는 언제나 지혜로우셨다

텅 빈 주차장에 툭 터진 길 따라
바람이 불면 흰 먼지가 인다
그리운 한숨이다
너른 예배당 의자에 기대자
찬 기운이 사이다처럼 내 등에 울컥함을 싸지른다
의자에 앉았던 성도가 떠올라 뜨거운 눈물이 흐른다
따스한 그리움이다
예수님 무덤가에서 부활의 아침을 기다렸던
막달라 마리아도 이랬을까
그리움보다 더한 주님의 얼굴과 손과 발

하늘의 별들이 쏟아지고 가만히 교회마당을 도는데
빨간 십자가가 나를 내려다본다
십자가 아래서
나는 오늘도 엄마를
하염없이 기다리는 아이가 된다

저녁

햇빛도 나직히 부드럽다
바람도 차분히 길을 간다
풍경도 선명히 날렵하다
새들도 날개짓이 편안하다

저녁으로 혈압약을 만든다면
저녁으로 수면제를 만든다면
저녁으로 신경안정제를 만든다면
저녁으로 언어 클리닉을 차린다면

저녁은 낮추고
잠들게 하고
안정시키고
부드럽게 한다

저녁이 세상에서 없다면 어떻게 될까

저녁은

하루의 상처

눈물

한숨을

쓸어 담아

별빛 가운데로 사라진다

코스모스

온 우주가
내 방으로 들어왔다

학교 앞
언덕에 핀
코스모스 한 줌 꺾어
소주병 긴 목에
네 가녀린 몸을
담구었다

지치지도 않는
기침소리
가슴을 잡고
각혈하면
붉은 피가 방바닥에
뒹굴었다

결핵을 얻어
고향의 작은 방에
고단한 내 몸을 누이고
유배된 죄인처럼
창밖만 바라보다가
너를 만났다

작은 방에 있어도
네 이름처럼
너를 통해
나는 우주를 보았다

네 입가에
내 입을 맞추면
심연에서도
길을 잃지 않는
빛 같은 향기를
보냈다

너 때문에
외롭지 않았다
너 때문에
더 살고 싶었다

너는 나의 우주다

코스모스 2

명절에 가는
고향길은
길기만 했다

고속도로의 끝없는 행렬
나들목이 삐죽 보이기만 해도
난 가보지도 않은 길을
가족들과 함께 갔다

1번 국도와
23번 국도를 달리다가
길가에 차를 세우고
돗자리를 깔고
갈 곳 없는 사람처럼
여유를 부렸다

국도에 나란히 핀
코스모스꽃
너를 보며

그리운 부모님 얼굴과
고향으로 달렸다

귀경길도 길었다
올 때처럼
갈 때도
시골길에 들어서고
지친 아이들을
다독거리고
방랑자처럼
길을 서성였다

거기에 또 핀
<u>코스모스꽃</u>
그러나 그때는
더 그리운 부모님과 고향 생각
너는 그때 눈물이었고
애상(哀想)이었다

나는 그때 그곳에
아무도 모르게
내 마음을 놓고 왔었다

팽목항에서

노오란 리본과 깃발이 차가운 바다 바람에 나부낀다
색이 바래고, 야윈 듯 풀어졌어도 그리움은 떠나가지 못한다
바다 끝까지 늘어선 기억의 벽
그곳이 내게는 통곡의 벽이 되었다
짧은 글을 읽다가 이렇게 눈물을 흘린 적이 있을까
삐뚤빼뚤 글씨를 읽다가 이렇게 글씨 앞에 머물렀던 적이 있을까
나도 어느새 아이를 잃은 아비가 된다

사고 지점을 표시하는 지도가 눈에 띄었다
조도, 관매도, 맹골도
섬들의 이름을 보고 눈을 들었다
바다 끝은 여러 섬들로 가려져 보이지 않았다
그래도 내 마음속에서 슬픔의 장소가 눈에 그려졌다
섬 너머 저곳 어딘가 아! 저기쯤
보이지도 않는 바다 끝은 하늘에 닿아 있었다

우리 딸, 우리 아들의 이름을 외칠 때마다
우리들의 부모는 저 바다를 본다
바다 끝에 닿은 저 하늘을 본다

하늘에 있는 내 마음 속의 꽃들을 바라본다

저 바다 끝이 하늘에 맞닿아 있듯이
슬픔을 간직한 사람이
하늘을 소망하듯이
이 땅에서의 삶도 살아 내기를 나는 기도했다
나도 그렇게 살기를 기도했다

내 아들아, 내 딸아
엄마가 버스 밖 재잘거리는 교복 입은 소녀들을 볼 때
우리 딸도 저만 했었는데 눈물지을 때
아이들의 웃음으로 내 곁에 와 주렴
아빠가 하루 일을 다 마치고, 터벅터벅 언덕길 오를 때
붉은 빛 흘리며 뉘엿뉘엿 넘어가는 저녁노을로 내 곁에 와 주고
별빛이 돋아나는 어둔 밤에는 반짝이는 눈으로 내 곁에 와 주렴
봄에는 봄꽃으로
여름에는 산들바람으로
가을에는 곡식 곁 햇빛으로
겨울에는 너를 닮은 눈송이로 우리 곁에 와 주렴

이렇게 살아가는 세상에 네가 항상 우리와 함께 있음을 알려 주렴
살자고, 그래도 살아가자고 살아 내는 고난당한 사람 곁에
성령의 위로처럼 와 주렴

제4부

기도

그저 감사하면 될 것을

벽에 걸린 하얀 마스크를 썼다가
하얀 너의 얼굴에 새겨진 로고처럼
난 잃고 살았던 감사를 새긴다
마스크가 내게 묻는다
"마스크처럼 가까운 곳에 있는 감사를 당신은 알아차리셨는지요?"

정신 차리고 내 곁에 있었던 감사들을 조용히 어루만져 본다
코로나로 내 발도, 내 영혼도 묶여 버렸을 때
교회가 그렇게 감사한지 그때 알았다
우리 목사님의 말씀 한 마디가 그렇게 그리워서
눈물 나는지 그때 알았다
나를 향해 선한 웃음 한 번 짓는 구역목자의 손길이
얼마나 따뜻했는지 그때 알았다

차로 오 분이면 오는 성전을 향한 길이 그렇게 아득하게 느껴졌을 때
시온을 향한 순례자들의 그리움의 눈물의 의미를 그때 알았다
답답했지만 그저 하나님께 소망을 두고
부르짖었던 날들이 있어서 감사했다
경제는 죽었고 우울감이 골목 끝까지 걸어 들어갔어도

새벽마다 밤마다 부르짖는 내 기도를 들으면서
그래도 살아야겠다 외쳤던 소망이 있어서 감사했다
아이의 손을 잡고 통곡의 벽에 섰을 때, 진정으로 무너져야 하는 것은
교만과 감사 없음에 길들여져 버린 내 마음인 것을 알았다
한참이나 아이가 옆에 있다는 것조차 잊어버린 채 통곡하고 통곡했다

온 가족 함께 있는 차 안에서
예수님 나를 위해서 찢겨 주신 몸과 흘려 주신 피
거룩한 성찬이 내게 찾아왔을 때 울음이 터져 나왔다
그 옛날 카타콤 무덤 속에서도 믿음 지키며 성찬 들었던
초대 교회 성도들처럼
내 한 몸 이 몸뚱아리 주님을 위한 것이라고 고백했다

올해도 어김없이 열린 감사특밤
현장예배의 열정으로
온라인보다 더 뜨겁게 연결된 성령의 줄로
우리 모두 더 뜨겁게 하나님을 만났고
더 간절한 기도로 지성소의 휘장을 지나갔다

그저 살아온 모든 것이 감사인 것을
그저 감사하면 될 것을
오늘 추수감사절이 되어서야 깨닫는다
감사는 그 먼 길을 돌고 돌아 내 품 안으로 돌아왔다

감사를 아는 내 마음 참 풍요롭다
감사를 아는 내 믿음 참 귀하다
감사를 잊지 않는 나를 하나님은 사랑의 눈길로 돌보신다

나의 기도의 제목

나의 기도의 제목은
나의 기도를 기도하는 것

나의 기도가 습관에 젖지 않기를
나의 기도가 고상한 언어로 포장되지 않기를
나의 기도가 내 삶을 망각하지 않기를
나의 기도가 짐 지는 노동이 되지 않기를
나의 기도가 분별없이 나오는 말이 되지 않기를

나의 기도는 아버지를 사랑하여 부르는 것
나의 기도는 내 아들 생각할 때마다 떠오르는 애잔함을
간직하는 것
나의 기도는 잠잠히 사랑하는 아버지에게 기대는 것
나의 기도는 기도하고 내 영혼이 사는 것
나의 기도는 남을 향할 때 더 간절해지는 것

나의 기도의 제목은
나의 기도를 위해 기도하는 것
나의 기도의 제목은

내가 외치고, 내가 기도한 대로 사는 것

나의 기도는 계속되어야 한다

매미

어릴 적
매미는 여름을
알리는 전령사였다
더 깊은 여름 계곡
뙤약볕의
뙤뙤거리는 울음

청년 때
매미 울음은 종족번식을
위해 피 토하는
구애임을 알았다
본성의 질긴 하루 짓
밤이 와도
날갯짓 진동은
멈추지 않는다

이제 다시
매미의 울음을 듣는다
나는 언제 한 번

저리도 간절하게
울었던 적이 있었는가

수많은 세월의
난도질에도
멈추지 않을
8월의 열정을
나도 가졌는가

사람이 지나가고
자동차가 지나가고
바람이 지나가고
물 새 울어도
여기가 내 곳이요 하며
웅크릴 단단한 기도를
나는 가졌는가

부활절에 쓰는 편지

사랑하는 내 조카 지현이에게.
사랑하는 내 형에게.

지현아! 형! 지금 우리 광천교회 앞에
벚꽃이 활짝 피었다가 다 졌어.
그렇게 아름답게 피어 있던 꽃들이
더 오래도록 피어 있으면 좋으련만,
사순절, 고난주간 특별새벽기도 끝나고,
정신 차리고 보니, 이렇게 다 저버렸네.
피었다가 지는 꽃들을 보면서
이런 생각을 했어.
저 나무들은 또 계절이 돌아오면
또 꽃을 피우건만
왜 사람은 떠나면 돌아오지 못할까?
사람도 너무 그리워서,
너무 보고 싶어서 눈물이 날 때쯤 한 번쯤
다시 돌아오면 좋으련만 왜 한 번
내 곁을 떠난 사람은 내 곁으로 돌아오지 못할까?

지현아! 네가 우리 곁을 떠난 지도
벌써 30년이 되었어.
30년이 지났는데도 왜 이렇게
나에게는 잊혀지지 않을까?
추운 겨울 바다에서 건져내 앞동산에 묻던 날,
"추운 바닷물에서 건졌는데,
또 다시 너를 꽁꽁 언 땅에 묻어서 미안하다" 면서,
손싸개, 발싸개 해 주던
네 아빠의 통곡이 생각난다.
그곳, 천국에서 잘 지내니?
4살 아장아장 걷는 네 모습.
예수님 손잡고 아름다운 천국을 걸어 다니는
너의 모습을 가끔 생각한단다.
작은 아빠가 목사인데도,
아직도 천국의 모습을 다 몰라,
이렇게 유치한 생각으로만 천국으로 그리는
나를 이해해 주렴.
지현아! 아빠도 그곳에서 너랑
잘 지내고 있으리라 믿는다.

지현아! 형! 또 한 해가 지나가고 부활주일이 되었어.
이렇게 많은 시간이 흘러
부활절을 내가 또 맞이하는 것은,
우리가 다시 만날 날이 가까워지고 있다는 것이겠지.
우리 다시 만날 날을 소망하면서 살자.
그래서 예수님이 부활하셨다는 것,
그 부활이 우리 모두를 위한 것이라는 것이
그렇게 좋을 수가 없다.

사랑하는 형!
형이 우리 곁을 떠난 지도 벌써 20년이 넘었네.
건강이 좋지 않았던 형이었지만,
나는 형이 내 곁에 있을 때가 가장 편안했어.
형은 유머가 넘쳤어.
내가 썰렁개그와 아재개그를 잘 하는 것은
형한테 많이 배운 것 같아.
그림을 잘 그렸던 우리 형.
천국의 아름다운 모습을 많이 그리고 있어?
좋은 집에서 태어났으면 그림공부 제대로 해서

화가가 되었을텐데 그렇지 못했지.
그래도 형은 내게 언제나 최고의 화가였어.
광천교회 앞에 벚꽃나무가 활짝 피었다가 졌어.
꽃은 저렇게 피었다가 지고, 다시 돌아오는데,
사람은 돌아오지 못해.
그래서 벚꽃 필 때 쯤 찾아오는 부활절에 형을
더 많이 생각하는 것 같아.
다시 만날 날이 더 가까워져서 그리워.
나를 이 광천교회에 보낸 것은,
이렇게 교회 앞에 피는 꽃들을 보면서,
부활을 더 생각하고 살라는 하나님의 뜻일까?
나는 그렇다고 생각해.
너무 슬퍼하지 말라고,
부활의 소망을 가지고 살라고,
죽음 안에서도 일하셨던
하나님의 능력을 기억하면서 살라고,
그러니 이제 먼저 떠났다고 그만 울라고,
나에게 말하는 것 같아.

잘 지내고 있어.

우리 이렇게 잘 지내고 있다가 서로 다시 만나자.

우리 모두 부활절 인사를 나누자.

"예수님이 부활하셨어. 나도 부활할 거야. 우리 꼭 다시 만나자."

새봄에 드리는 기도

하나님 아버지. 새봄이 되어, 이곳저곳에서 꽃이 피었습니다.
살며시 다가오는 꽃향기에 내 몸이 먼저 고개를 돌립니다.
슴슴한 꽃향기에 잠깐 멈추어 보았습니다.
긴 겨울을 참 잘 견뎠구나 칭찬 해 주었습니다.
우리에게도 봄이 찾아옴을 믿습니다.
긴 터널을 지나 여기까지 왔습니다.
이제 우리의 삶과 신앙에도 코로나의 무거운 외투를 벗어 던지고,
새봄으로 갈아입고 싶습니다.
아무리 막아도 전해 오는 꽃향기처럼,
나도 누군가에게 아름다운 소식을 전하는 사람으로 살겠습니다.
향기로운 예수의 꽃 피고, 향기 내어 바쁘게 길 가는 이의
발걸음을 멈추고, 뒤돌아보게 하는 사람이 되고 싶습니다.
오늘은 봄이 더 활짝 피어 더 감사하며 살고 싶습니다.
예수님의 이름으로 기도합니다. 아멘.

소망의 기도

주님, 벌써 또 다시 한 달이 흘렀습니다.
이번 한 달은 지난 번 석 달보다 더 길게 느껴졌습니다.
그래도 다시 소망하고, 마음을 가다듬어 봅니다.
내 마음을 반듯하게 정돈하고,
내 믿음이 연약해지지 않도록 기도합니다.
코로나 때문에 우리는 거룩한 이름을 잊어버린 것 같습니다.
성도. 가장 영광스럽고 거룩한 그 이름을
부르지 않고, 불리지 않으면서
세상 속에서 정체성을 잃어버린 것 같아 부끄럽습니다.

주님,
'목사인 나도 이렇게 마음이 힘들고 연약해지는데
우리 성도들은 어떨까?'
갑자기 두려운 마음이 들었습니다.
그래도 살아갈 것은 믿음뿐이건만,
성도들의 믿음이 떨어지면 어떡하나 염려했습니다.
주님, 우리 성도들을 지켜 주시옵소서.
살아가는 그 자리에서 주님을 기억하게 하옵소서.
믿음을 잃지 않게 해 주시옵소서.

기도와 말씀을 양식처럼 늘 먹게 하옵소서.
내가 성도들을 생각하고 염려하듯,
성도가 서로를 간절한 기도 속에 담게 해 주옵소서.
얼굴을 맞대고 만나는 날.
더 환한 얼굴을 보게 하시고, 믿음으로 살아왔음을
서로 보게 하옵소서.

오늘은 그저 믿음, 소망, 사랑. 한마디씩 불러 봅니다.
가장 흔했던 그 말이 가장 소중함을 알았습니다.
인생 마치는 날에도 영원히 남을 말. 믿음, 소망, 사랑.
그저 그렇게 살겠다고 조용히 다짐합니다.
그것이 저의 소망이요 기도입니다.

십자가 바람이 분다

웃음도 잊고 살았던
내게 하얀 벚꽃이 핀다
흐드러진 꽃잎 앞에 서 있으면
흰 빛이 내게 밀려올 것만 같다
수많은 사연 한 알 한 알 피어 내게 달려오면
나는 하얀 방향제가 될 것만 같다

아름다움은 그 앞에만 있어도 빛나는 것
향기는 그 앞에만 있어도 배는 것

골고다 언덕에 서 있는 십자가에서
바람이 불어온다
그 바람 앞에만 서 있어도 나는 치유된다
그 바람 앞에만 서 있어도 나는 새롭게 된다
십자가 보혈의 바람이여! 내게 불어오소서!
뜨겁게 하는 성령의 바람이여! 내게 불어오소서!

꽃길을 거니는 사람들 사이로
오늘도 십자가의 바람이 불어온다

윤동주를 읽으며

누가 내게 누가 좋으냐
물으면
윤동주라고 대답하리라

무엇이 그렇게 좋으냐
물으면
빛 바랜 사진 속
시인을 떠올리리라

하늘 아래서 부끄러워하는
모습이 좋고

살기 원하나
그 모습으로 살지 못해
고뇌하는
모습이 좋고

가슴을 뚫고 들어오는
말씀에 흔들리는

부서지는
양심이 좋다

부끄러움 모르는 세상에서
한 점 부끄러움이 없이
살고자
부끄러움을 무덤처럼
안고 살아도 좋겠다

윤동주 전집(全集)이
내 머리맡에서
내 가슴속에
파고 든다

창립주일에 읽는 감사시

이 땅에 광천교회가 세워진 지 벌써 65년이 되었습니다.
65년. 참 헤아릴 수 없는 시간입니다.
왜냐하면, 그 시간 속에는 뜨거운 눈물과
농도 짙은 땀, 세월의 무게만큼 쌓인 헌신,
또 가슴 저미는 아픔들도 함께 있기 때문입니다.

우리 광천교회가 맨 처음 세워질 때, 이 민족은 참 많이 아팠습니다.
수많은 포탄과 연기 속에서 부모를 잃고, 자식을 잃고,
어디로 가야 할지 몰라, 탕자처럼 방황했습니다.
민족의 허리가 잘려 나가는 아픔보다 더했던 것은,
서로에 대한 미움을 지울 수 없어 그 상처가
흔적이 되어 버린 것입니다.

잃고, 버림받고, 갈 곳 없고, 절망하던 피난민들이
살았던 가난한 동네 광천동.
하나님은 우리들을 버릴 수 없어서,
하나님은 우리들을 그대로 절망하며 살아가게 할 수 없어서
우리들을 구원하고, 살리기 위해 주님의 피 값으로
광천교회를 세우셨습니다.

울고 있는 자와 함께 울고, 기뻐하는 자와 함께 기뻐하며
우리 신앙의 선조들과 우리들은 이렇게 65년을 달려왔습니다.

65년을 헤아릴 수 없어서 나의 아버지 모습을 생각했습니다.
65년을 살아오면서 아버지는 눈물이 많아졌습니다.
강인하셨던 아버지는,
어느새 자식 걱정을 가장 많이 하는 촌부가 되었습니다.
나의 소원은 너희들이 잘 되는 것이다.
그것이 내 행복이다 말씀하셨습니다.
이제는 아무런 욕심도 없이, 당신 삶을 돌아보고,
진실하기를 원하셨습니다.

우리 교회의 나이가 65년이 되었다는 것은 그런 것이 아닐까요?
더 온유해지는 것
더 겸손해지는 것
나의 행복보다 자식의 행복, 다음 세대의 행복을 꿈꾸는 것
욕심을 버리고, 하나님 앞에 더 진실해지기로 결단하는 것
65년이 된 것은, 그렇게 신앙과 삶이 더 성숙해진다는 것입니다.

오늘, 65년이나 된 교회의 생일에
우리는 65년의 세월을 머리에 이고 있습니다.
주님, 그 시간이 부끄럽지 않도록 우리를 사용하여 주십시오.
주님, 내일에는 또 다른 어제가 되어 있을 오늘, 지금 여기, 이곳에서
교회를 허락하신 하나님의 뜻을 이루는 우리들이 되게 해 주십시오.

주님, 오늘은 교회를 더욱 사랑하는 마음을
성령의 바람에 실려 보내 주십시오.
그래서 교회 사랑에 담겨 있는 하나님 사랑의 비밀을 깨우쳐 주십시오.

65년. 참 헤아릴 수 없는 은혜의 세월입니다.

화장지처럼 사용하세요

셋째 딸이 거실바닥에 우유를 엎질러 버립니다.
"아야!" 두 언니들은 소리를 지르고 냅다 달아납니다.
나는 두루마리 화장지를 얼른 손으로 감아 그 위에 덮어 버립니다.
화장지는 더러운 것을 닦아 내기 위해 내 옆에 있었습니다.

심방 가면 가정의 아픔을 말할 때 성도는 눈물을 뚝뚝 흘립니다
바뀌지 않는 현실 속에서 믿음을 가지고 기도하려는데
그게 잘 안 된다고 눈물을 흘립니다.
자신의 믿음 없음을 한탄하면서 설움에 복받쳐
눈물을 그치지 못합니다.
옆에서 등을 어루만지며 위로하던 권사님은 얼른 심방 가방에서
작은 여행용 티슈를 건네줍니다.
그 작은 화장지는 이내 아픔을 품어 줍니다.
아픈 눈물을 닦기 위해서 그 화장지는 거기에 숨어 있었습니다.

하루가 다 가고 아내가 화장을 지울 때도,
감기에 걸려 고생하며 콧물이 나올 때도,
창문에 묻은 먼지를 닦아낼 때도,
화장실의 벽에서 곰팡이를 닦아낼 때도,

변기에 오물이 묻어 있을 때도,
화장지는 언제나 내 옆에 가까이 있습니다.
내가 가장 쓰기 편한 모습으로 그렇게 가까이 있습니다.

어두운 삼일 길을 지난 후 감사를 만나게 하신 주님!
저는 화장지가 되겠습니다.
저는 화장지처럼 늘 사람들 옆에 있겠습니다.

사랑하는 성도님!
더러운 것을 닦아 내고 싶을 때,
아픈 눈물이 뚝뚝 떨어질 때,
함께 울어 줄 사람이 필요할 때,
감기의 콧물처럼 영혼의 아픔이 멈추지 않을 때도
저를 불러 주십시오.

두루마리 화장지처럼 굴려도 좋습니다.
크리넥스 티슈처럼 톡 뽑아 버려도 좋습니다.
손바닥만 한 티슈처럼 바지 뒷주머니에
형편없이 구겨져 있어도 괜찮습니다.

항상 쓰기 편한 화장지처럼 여러분 곁에 있겠습니다.
저를 화장지처럼 사용해 주세요.
전 두꺼운 종이처럼 능력도 힘도 없고 연약하지만,
여러분 곁에는 언제나 머무를 수 있습니다.

화장지처럼 사용된다고 해도 저는 감사하고 또 감사할 뿐입니다.

『엄마를 기다리는 아이』 해설

그리움이 일으키는 영혼의 울림

김 수 중 박사
조선대학교 국문과 명예교수

1. 시는 인간의 체험에 의미를 부여하는 작업

굳이 시를 쓰지 않더라도 세상을 살아가는 데 별문제는 없다.

그것을 모르지 않건만 긴 밤 내내 잠들지 못하고 고통 속에서 불러낸 상상력으로 언어를 창조하는 시인의 심리는 무엇일까?

큰 명성을 얻기 바라거나 돈을 벌기 위한 목적을 가진 사람이 할 일은 결코 아니다.

시인은 무엇 때문에 깊은 밤의 고뇌를 몇 줄의 글자와 바꾸기를 기뻐하는가?

이 해설을 쓰고 있는 필자도 한평생을 국어국문학과 교수로 살면서 밤새워 글을 쓰고 또 남의 글들을 읽었다. 특히 감동적인 시를 읽고 난 기쁨은 세상에서 가장 값진 보석을 손에 넣은 것과 다름없다는 생각을 한다. 보석의 진가를 잘 알지도 못하는 필자가 보석을 떠올리는 까닭은 아무리 많은 돈으로도 바꿀 수 없는 삶의 고귀한 진리라는 의미를 강조하기 위함이다. 시를 쓰고 싶다는 것은 삶을 가치 있는 것으로 여겨 그것을 표현해 보려 하는 의지의 발로이며, 인생의 의미를 나 자신의 관점에서 해석하고 싶은 간절한 바람이 한데 뭉친 보석 같은 욕망이다.

필자는 이 사실을 깨달은 후 시인들이 출간한 시집을 볼 때마다 하나의 공통된 질문을 하게 되었다.

"이 시인이 시를 쓰는 까닭은 무엇일까?"

물론 위에서 말한 것처럼 삶을 표현하고 그 의미를 해석하려는 근본 목적은 같다. 그러나 찬찬히 시인들의 시를 읽어 내리면 그 시들 속에서 각각 다른 구체적 대답을 듣게 된다. 어떤 시집은 화려한 수사법이 돋보인다. 그러나 언어 표현 능력을 자랑하려는 목적이 겉으로 드러나게 되면 그때부터 독자와의 거리는 서서히 멀어진다. 시인의 이데올로기가 가득 담겨 시를 사상 표현의 도구로 사용하는 것도 마찬가지다.

시를 읽는 독자들은 곧 알게 된다. 문학을 전공하고 가르친 사람이 아니어도 시를 사랑하는 사람, 문학이 무엇인지 한 번쯤 깊이 생각해 본 사람, 인생을 보내면서 영혼이 따스해진 사람이라면 그 시인의 시 한두 편만 읽어도 곧 알게 된다. 이 시들이 진정한 생명의 표현인지 아닌지를 금방 판별할 수 있다는 말이다.

시는 인간의 체험에 의미를 부여하는 작업이다. 그러므로 시들은 독자 앞에 체험의 형상화가 이루어진 실체로서 나타나는 것이다. 그 시인이 들려준 시적 체험은 우리가 언젠가 경험하고서도 아직 깨닫지 못한 의미를 다시 불러온다. 압축된 정서로 묶인 한 아름 인생 체험이 영혼의 울림을 주는 것, 우리는 오늘 여기서 따뜻한 한 편의 시집을 만나게 되었다.

2. 풀꽃 같은 부끄러움과 아름다움

이양수 시인의 시집 『엄마를 기다리는 아이』, 여기서 시인은 네 개의 주제 묶음 속에 각각 열 편의 시를 엮어 독자들과 수줍은 대면을 꾀하고 있다. 진정한 생명을 표현하려 하면 수줍을 수밖에 없고, 더구나 자신의 체험을 처음으로 형상화한 데 대한 솔직한 감정이 수줍음으로 작용하는 것은 당연한 일이다.

필자는 이양수 시인의 시를 읽고 맨 먼저 그런 느낌을 받았다. 참 깨끗하고 순결한 마음으로 인생길의 깊은 곳에 간직해 둔 체험을 백지 위에 차곡차곡 쌓은 고백이 아름다웠다.

시인은 시의 소재를 찾기 위해 먼저 광활한 자연과 대화를 시도한다. 네 묶음의 첫 명칭도 '자연'이라 밝혔다. 그는 강물의 흐름을 바라보면서 그것과 교감하는 시심을 고요히 드러낸다. 흐르는 강물이 돌에 부딪혀 거품이 속을 드러내는 모습을 보는 것은 자신의 삶을 부끄러워하는 고백이다.

〈세월〉이라는 시에서는 바람 속에 저무는 석양을 보며 자기 내면에서 일어나는 부끄러움의 감정을 숨기지 않는다.

세월

쌀쌀한 바람이 간다
그 곁
몽글몽글한 봄꽃 같은 바람이 온다

내 체온 담은 석양이 간다
그 끝
사락사락 치마 끌리듯
빚어 만든 내 하루가 온다

아직 날은 차갑고
저기에서 본 칼바람
내 가슴속에 파고드는데
홍매화는 벌써 피었다

세상사
가고 오는 것
보내고 맞이하는 것
그 사이에 있는 것
나는 오늘 무얼 하며
그 사이에 서 있었는가

아직도 내 부끄러움은
서산에 걸려 있다

시인의 고향은 완도군 소안도라 한다. 노화도, 보길도와 더불어 소안군도를 이루고 동쪽으로 청산도를 바라보는 그 남녘 섬에서 태어난 시인은 암석 해안을 거닐며 자연의 신비함과 인간의 꿈을 한데 품었을 것이다. 따뜻한 바닷바람 속에 피었다가 지는 지천의 꽃들이, 가고 오는 세상의 이치를 시인에게 가르쳐 주었다. 시인은 자연의 바람을 거스르는 생각이나 행위가 부끄러움인 것을 일찍이 깨달았다.

이양수 시인의 시에는 바람과 함께 피었다 지는 여러 종류의 꽃들이 소재로 등장한다. 벚꽃은 눈부신 설움으로 맘속에 핀 형상이다. 아카시아꽃은 어머니의 눈물이며 청춘의 기침, 곧 아픔과 질고를 의미한다. 위의 〈세월〉에 나온 홍매화꽃은 가슴에 파고드는 칼바람을 극복하는 이미지의 화신이다. 장미는 인생의 부끄러움, 코스모스는 우주의 눈물을 표상한다. 꽃은 시인의 마음을 시로 이끈 구체적인 자연의 손길이었다.

그러나 시인의 마음은 우아한 꽃송이들에만 머물러 있지 않다. 그의 인생 소재는 꽃이지만, 곱고 탐스럽게 피어난 꽃송이보다도 풀과 구분하기 어려운 풀꽃 같은 생명에 더욱 천착한다. 시인은 노란 눈 하나 박힌 풀꽃에 사랑과 경외심을 부어 주며, 풀꽃에 한없는 미안함을 드러낸다.

미안하다 미안하다
이제는 세상에게 너는 꽃이다

풀꽃

너의 이름을 몰라
풀꽃이라 불렀다
돋아오는 생기
나풀거리는 자태
여느 풀과 다름없는 생명

어느 오월의 햇살 아래
꽃이 피었다
하얀 참빗의 결 위에
노란 눈 하나 박혔다

미안하다 미안하다
너의 이름이 없는 것이 아닐텐데
너의 이름을 몰라 풀로 알았다
이제는 세상에게 너는 꽃이다

누군가에게 꽃이 피기 전까지
풀이라고 말하지 말라

네 미래에 꽃대 올리기 전까지
풀이라고 무시하지 말라

나의 마지막 날들 위에는
무엇이 피어 있나

  자연을 향한 부끄러움과 미안함이 그의 시의 기반이 되었다. 시인은 자신의 마지막 날들이 하나의 풀꽃처럼 생명으로 피어나기를 바란다. 겸손하면서도 끝내 생기를 잃지 않는 풀꽃, 시인은 자연의 소재와 자신의 소망을 미안하면서도 수줍은 마음으로 형상화했다.

3. 생명을 얻는 체험

  두 번째 시 묶음의 이름은 '사람'이다. 시인의 마음을 채운 꽃과 바람은 여기에 등장한 사람들과 함께 숨 쉬며 생명을 얻게 된다. "하얀 아카시아 향기"는 어머니의 쇠약해진 몸을 떠올리게 하는 시적 장치이며 "망개 열매"는 어머니의 애틋한 사랑이다. '사람' 묶음에서 꽃과 같은 역할을 하는 이는 시인의 어머니와 아버지이시다.
  시인은 고향을 떠나 학업의 현장과 일터에서 사람들을 만나면서도 늘 꽃과 같은 사람들을 그리워했다. 시를 통하여 알 수 있는 것은 부모님을 향한 시인의 그리움과 사랑이 그의 마음을 채우는 생명의 바람으로 작용하고 있다는 사실이다.

어머니의 병환에 마음이 아파 밤마다 고향으로 바람처럼 떠나는 시인, 더구나 그의 아버지는 일찍이 전쟁에 나갔다가 부상을 입은 채로 돌아온 몸이었다. 가난한 집안 형편 때문에 어머니는 해산물을 머리에 이고 육지에 팔러 나가야 했다. 닷새가 넘어야 비로소 돌아오는 어머니의 가슴이 사무치게 그리웠던 소년! 시인의 작품마다 사람을 사랑하고 그리워하는 심정이 녹아 흐르는 것은 이러한 삶의 배경에서 나온 것임을 느끼게 한다. 시집의 표제를 "엄마를 기다리는 아이"로 삼은 것도 이와 무관치 않다.

시인의 부모님이 함께 가족을 위해 일하는 장면과 아들에게 남겨 준 사랑을 노래한 시 〈선물〉의 일부분을 보기로 한다.

선물

가을 햇볕이 노인처럼
늙으스레 기우는
저녁에
엄마 아버지는
마당에 짐을 푼다

한 단 한 단
쌓이는 탑

이번 겨울양식처럼
　　시루떡처럼 쌓아 올려
　　가시에 찔려도
　　아버지는 말이 없으시다
　　엄마는 산에서 꺾은
　　망개 열매
　　수줍게 내미신다

　햇볕도 늙으스레 기우는 저녁에 노부부가 산에서 나무를 해 오셨다. 겨울을 대비하기 위해 나뭇단을 쌓는 아버지의 손길은 가족에게 사랑을 전할 따뜻한 선물이다. 가시에 찔려 피를 흘리면서도 말없이 쌓아 올린 아버지의 나뭇단은 그냥 땔감이 아니라 온 가족을 배불리 먹일 시루떡이 된다.

　그런데 어머니가 주시는 선물은 따로 있다. 어린 아들을 생각하고 그 입에 넣어 주기 위해 망개 열매를 꺾어 오신 것이다. 아버지도 몰래, 또 다른 형제들도 모르게 막내에게 전하는 어머니의 선물이 수줍은 사랑으로 표현되었다. 시인이 가득 품고 있는 생명의 사랑 체험은 이렇게 시작되었음을 알게 한다.

　이는 자연스럽게 '그리움'이라는 세 번째 주제 묶음으로 이어진다. 꽃과 바람, 그리고 부모님과 고향을 향한 그리움이 이제 시인의 삶 곳곳으로 멀리 퍼져 나가는 것을 볼 수 있다. 시인의 그리움이 미치는 범위는 넓고도 멀어 현대 문명의 첨단이라 할 비행기로 형상화되었다. 설렘과 서러움, 그리고 이별의 감정을 싣고 멀리 날아가 하나의 점으로 승화되는 모습은 그리움의 일체로서 압권을 이루고 있다.

비행기

설레임을 실은 몸뚱이
나는 이곳에 남아
설움이 복받친다

저곳에서 만날 일
너에게는 그리움이지만
이곳에서 만날 날
나에게는 서러움이다

더 멀리 갈 때까지
나는 너를 보았다
점. 까만 점이다
이제는 다 같아진 것을

설레임도 서러움도
그리움도 이별도
이제는 하나다

시인의 그리움은 이 세상에서 고통과 슬픔을 겪고 있는 사람들을 향해 날아간다. 설렘이 순간마다 교차하는 현장에서 삶과 죽음으로 나뉜 생명들을 향한 그리움이 〈팽목항에서〉라는 시를 낳게 했다. 이 시대가 경험한 가장 아픈 기억으로 꼽힐 세월호 참사는 시인의 마음을 온통 그리움으로 묶어 놓았다. 더구나 시인의 고향 가까운 데 있는 팽목항인지라 슬픔의 장소가 눈에 그려지고 있다 하였다.

바다 끝에 닿은 저 하늘
하늘에 있는 내 마음속의 꽃들

그래서 시인은 서러움과 이별을 하나로 담아, "그리움을 떠나가지 못한다"고 노래한다.

4. 윤동주의 마음을 지닌 시인 목사

이양수 시인은 광주 광천교회의 담임목사로서 말씀 선포의 능력을 널리 인정받은 설교자이다. 그런데 이 50대의 목사가 아직 인정받지 못한 세계에 수줍은 모습으로 마음을 열었다. 이제 막 열린 마음속에는 40편의 시가 들어 있고 "엄마를 기다리는 아이"라는 천진한 제목이 붙어 있다. 겸손하고 아름다운 시인으로서의 첫 등장이다.

그는 자신의 시처럼 겸손한 태도로 필자에게 첫 시집의 해설을 부탁해 왔다. 실은 그 이전까지 필자는 이양수 목사님을 잘 알지 못했다. 그가 장로회신학대학교 대학원에서 공부할 때, 설교학과 문학을 강의한 필자에게 수강했던 관계가 있었을 뿐 시 창작에 관한 일은 아무것도 나눈 바가 없었다. 더구나 시 해설의 요청을 받았을 때는 필자가 코로나에 감염되어 가족과도 격리된 채 온몸에 불같은 열기가 오르던 상황이었다. 모든 것이 싫고 아무 생각도 하고 싶지 않은 시간이었다.

그러나 참 이상하게도 그의 시를 꼭 읽어 보고 싶은 마음이 솟아났다. 시를 보내 달라고 승낙하면서 우리가 마음으로 만나야 할 시가 있고, 필자의 해설이 필요한 시가 있을 것이라는 생각을 했다.

지금 세상에는 시 서너 편을 들고 신인 추천을 받기 바라는 사람들이 많고, 그런 욕구를 충족시켜 주는 문예지라는 이름의 책자들이 얼마나 많은가!

이양수 목사님은 그런 방식에 눈을 돌리지 않고 오래전, 어쩌면 소년 시절부터 쓰고 수정해 온 자신의 시심을 필자에게 소년처럼 펼치고 싶었던 것이 아닐까?

그의 시를 읽기 시작했다. 맑고 깨끗한 바람 속에서 꽃으로 피어나는 그리움이 가득했다. 하늘을 바라는 기도가 간절한 마음으로 시가 되어 태어나고 있었다. 어머니를 기다린 소년의 마음은 이제 목사로서 세상의 연약한 사람들을 따뜻하게 보듬어 준다. 그리움으로 시작한 그의 모든 기도는 이렇게 시가 되었다.

이양수 시인!

그리움과 기도의 시인으로 태어난 오늘부터 그는 진실한 영혼으로 시를 쓰며 살아야 할 의무가 부여되었다.

필자는 그의 시를 몇 편 읽다가 윤동주 시인이 생각났다. 이양수 시인의 시는 착상부터 표현까지 윤동주의 시를 많이 닮았다. 맑은 영혼까지 닮았을 것만 같다. 드디어 이양수 시인은 〈윤동주를 읽으며〉라는 시에서 동주를 향한 그리움을 고백하였다.

윤동주를 읽으며

누가 내게 누가 좋으냐
물으면
윤동주라고 대답하리라

무엇이 그렇게 좋으냐
물으면
빛 바랜 사진 속
시인을 떠올리리라

하늘 아래서 부끄러워하는
모습이 좋고

살기 원하나
그 모습으로 살지 못해

고뇌하는
모습이 좋고

가슴을 뚫고 들어오는
말씀에 흔들리는
부서지는
양심이 좋다

부끄러움 모르는 세상에서
한 점 부끄러움이 없이
살고자
부끄러움을 무덤처럼
안고 살아도 좋겠다

윤동주 전집(全集)이
내 머리맡에서
내 가슴속에
파고 든다

  이양수 시인의 작품들 가운데 이 시는 말할 것도 없고 〈코스모스〉, 〈별〉, 〈장미〉 그리고 〈아버님 전상서〉 등에서도 윤동주를 깊이 느끼게 한다. 시대와 사람을 향한 양심의 부끄러움으로 늘 하늘을 우러렀던 동주의 마음과 정신이 이양수 시의 기반을 이루고 있다. 부끄러움을 잃어버린 이 시대를 책망하기 전에 먼저 자신의 모습을 돌아보는 시와 시인을 만날 수 있음이 우리에게 잔잔한 기쁨을 준다.

이 글의 첫머리를 다시 돌이켜 본다. 굳이 시를 쓰지 않더라도 목사의 직분을 수행하는 데 별문제는 없다.

그것을 모르지 않건만 설교를 준비하고, 성도들을 돌보고, 기도하느라 지친 몸을 이끌고서 기어이 시를 써야 하는 시인 목사의 심정은 무엇일까?

깊은 밤 잠들지 못하고 고통 속에서 불러낸 상상력으로 언어를 창조하는 시인 목사, 그의 명성이나 설교의 능력으로 다할 수 없는 영혼의 체험이 시를 쓰도록 이끌어 가고 있다. 그의 체험은 자연과 사람을 사랑하고 그리워하는 기도와 함께 이루어진 것들이다.

이양수 시인의 사랑과 그리움은 이제 온 세상 사람을 향해 펼쳐지고 있다. 엄마를 기다리는 아이의 기도는 인류의 구세주 예수 그리스도를 향한 영혼의 외침이 되어 간다. 기도할 때마다 윤동주 같은 부끄러움으로 마음을 썼고, 설교를 준비할 때마다 진리의 말씀을 시로 써 낸 다윗의 헌신이 이양수 시인의 첫 시집에 흘러넘치고 있다.

시인의 두 번째, 세 번째 시집이 이어져서 시와 기도와 말씀의 선포가 더욱 아름다운 조화를 이루기 바라며, 하나님께 영광을 올린다.

주후 2022년 가을